Anne van Stappen

Das kleine Übungsheft Selbstliebe

Aus dem Französischen von
Claudia Seele-Nyima

Illustrationen von Jean Augagneur

TRINITY

Über die Autorin

Anne van Stappen ist Ärztin und beschäftigt sich seit vielen Jahren mit menschlichen Beziehungen. Sie ist Trainerin für *Gewaltfreie Kommunikation®* und bietet seit 1995 Vorträge und Workshops zu Kommunikation und Konfliktmanagement an.

Die Originalausgabe ist erstmals 2009
bei Éditions Jouvence erschienen.

Umschlaggestaltung: Guter Punkt, München
Satz: Veronika Preisler, München
Druck und Bindung: Pustet, Regensburg
ISBN 978-3-941837-68-3

Gehe ich liebevoll und einfühlsam mit mir um?
Was werden die anderen von mir denken, wenn ich mich um mich selbst kümmere?
Werden sie mir das übel nehmen?
Macht mich das zu einem Egoisten?
Gehe ich genug auf andere ein?
Ist es nicht besser, großzügig zu sein und nicht an sich selbst zu denken?
Gibt es eine Form des »guten Egoismus«?
Wie weit darf ich in der Fürsorge und Liebe zu mir selbst gehen? Wo ist die Grenze?

Wir alle stellen uns solche Fragen. Ich hoffe, dieses kleine Übungsheft hilft Ihnen, Antworten zu finden.
Viel Glück auf Ihrem Weg zum liebevollen und guten Umgang mit sich selbst!

Selbstliebe – was bedeutet das eigentlich?

- Es bedeutet, so für uns Sorge zu tragen, dass es uns gut geht. Das wiederum führt von ganz allein dazu, dass wir anderen viel zu geben haben und es auch bereitwillig und gern tun.
- Es bedeutet, so zu leben, dass wir glücklich, im Frieden und im Einklang mit unseren Werten, Träumen und Bestrebungen sind – ohne dass es auf Kosten anderer geht!

Die Kunst, gut zu sich zu sein, umfasst fünf Fähigkeiten, nämlich:

1. Dass wir uns selbst achtsam wahrnehmen ...

- unseren Körper,
- unsere Gefühle und Bedürfnisse.

2. Dass wir den Mut haben, an uns zu denken – auch dann, wenn es anderen nicht gefällt –, indem wir ...

- gut für uns sorgen,
- uns selbst Freude bereiten,
- auf unsere Grenzen achten (beim Geben),
- unterscheiden können, was gut für uns ist und was uns schadet.

3. Dass wir einen mitmenschlichen Dialog pflegen, indem wir ...

- uns selbst aufrichtig und bestimmt anderen mitteilen (dem, was uns bewegt, Ausdruck verleihen, ohne andere anzugreifen, zu verurteilen oder zu kritisieren),
- dem anderen einfühlend und respektvoll zuhören und auf ihn eingehen (uns bemühen, unser Gegenüber zu verstehen, und bestrebt sind, dass er oder sie sich verstanden fühlt, ungeachtet der Art und Weise, wie die betreffende Person sich ausdrückt),

- unsere Dankbarkeit ausdrücken oder uns (bei uns selbst) bedanken können.

4. **Dass wir ein Leben kreieren, das mit unserem tiefsten Innern im Einklang ist, indem wir ...**
- in uns hineinhorchen, um uns besser zu erkennen (Selbst-Empathie),
- auf unsere Träume zugehen.

5. **Dass wir unseren Geist disziplinieren, indem wir ...**
- uns von Bewertungen lösen und sie in Gefühle/Bedürfnisse verwandeln (»das, was ich dir vorwerfe« umwandeln in »das, was ich gerne hätte«),
- die Schönheit jedes Augenblicks bestmöglich erkennen und genießen.

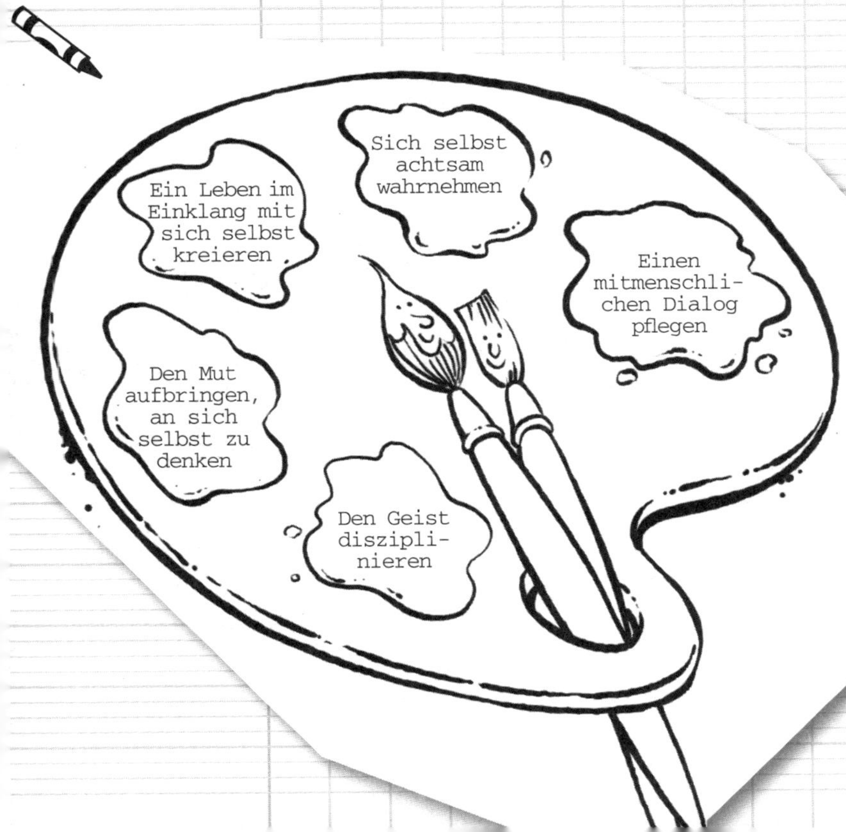

Malen Sie die Palette nach Lust und Laune in den Farben aus, zu denen die jeweilige Fähigkeit Sie anregt.

Sich selbst wahrnehmen

»Es gibt eine Form des Egoismus, die so nährend für uns ist, dass wir dadurch anderen viel zu geben haben.«

Marshall Rosenberg

Seien wir einmal bio-logisch (»bios« heißt »Leben« auf Griechisch) ... und respektieren wir die Logik des Lebens! Sorgen wir erst für uns, bevor wir auf die Idee kommen, uns um andere zu kümmern! Es heißt zwar: »Liebe deinen Nächsten wie dich selbst«, aber viele Menschen haben »wie dich selbst« vergessen und verhalten sich eher wie Roboter.

Ich denke

Ich handle

Ich denke

Ich fühle mich

Ich hätte gern

Ich handle

Kommt es vor, dass Sie wie ein Roboter funktionieren (ich denke, ich handle)?

Wann?

In welchen Situationen?

Mit wem?

Wirkt sich das günstig auf Ihr inneres Gleichgewicht aus?

Oder funktionieren Sie wie ein ganzer Mensch (ich denke, ich fühle, ich hätte gerne, ich handle)?

Wann?

In welchen Situationen?

Mit wem?

Wenn Sie Ihre Antworten einmal betrachten, woran möchten Sie gerne arbeiten?

-
-

Selbstwahrnehmung bedeutet zu lernen, »in seinem Körper« zu sein und seine Gefühle zu spüren.

Seinen Körper wahrnehmen

Wir achten so wenig auf unseren Körper, dass wir uns häufig erst um ihn kümmern, wenn er uns Leiden verursacht – und dann ist es manchmal zu spät ...

Wenn wir uns auf unseren Körper konzentrieren, entsteht in uns ein Raum der Verbundenheit mit uns selbst, der Ruhe. Und genau das ermöglicht »das wahre Leben« – nämlich »das gelebte, nicht das gedachte Leben« (David Komsi)!

Aber warum sollen wir denn überhaupt den Körper bewusst wahrnehmen?

Deswegen:

- Durch die Verbundenheit mit unserem Körper sind wir wie ein Baum, der fest im Boden verwurzelt ist.

- Wenn wir uns dessen bewusst sind, was in uns vorgeht, sind wir lebendiger, wacher und können wirklich für die Außenwelt verfügbar sein – oder rechtzeitig bemerken, dass wir es nicht sind.
- Wenn wir mehr »bei uns« sind als »im Geschehen«, gewinnen wir Abstand. Dieser Abstand schützt uns und unsere Beziehungen, indem er unsere Neigung zu automatischen emotionalen Reaktionen verringert.

Zählen Sie Situationen auf, in denen Sie vergessen zu beachten, was Ihr Körper spürt:

–

–

Wie fühlen Sie sich danach?

–

–

In welchen Situationen kümmern Sie sich gut um Ihren Körper?

–

–

Wie fühlen Sie sich danach?

–

–

Hier zwei ganz einfache Übungen, wie Sie sich selbst und Ihren Körper achtsam wahrnehmen können:

Nehmen Sie Verbindung mit einem Teil Ihres Körpers auf und halten Sie diese Verbindung bewusst aufrecht

Spüren Sie Ihre Hände, wie sie sich berühren, den Kontakt Ihrer Füße mit dem Boden oder des Rückens mit der Lehne. Oder richten Sie Ihre Aufmerksamkeit einfach auf eine Hand. Nehmen Sie wahr, ob sie warm oder kalt ist, ob sie eingeschlafen ist, kribbelt etc.

Oder spüren Sie, wie die Luft in die Lunge hinein- und wieder aus ihr herausströmt.

Richten Sie Ihre Aufmerksamkeit zwei Minuten lang auf die Empfindung, die Sie erkunden wollen. Bleiben Sie bewusst ganz bei sich und spüren Sie, wie die Übung auf Ihren Körper wirkt. Stellt sich ein Gefühl der Entspannung ein?

Wenn Sie diese Übung täglich machen, werden Sie ihre vielfältigen positiven Auswirkungen entdecken: Sie erinnert Sie daran, dass Sie einen Körper haben, und ermöglicht außerdem, dass Sie sich beim Austausch mit einem anderen Menschen nicht in der Beziehung zu ihm verlieren, sondern mit sich selbst in Kontakt bleiben.

Zentrieren Sie sich 3 Minuten

Setzen Sie sich bequem hin, schließen Sie die Augen und fragen Sie sich:

Wie fühle ich mich in meinem Körper? Was ist angespannt, entspannt, bequem, unangenehm? 	
Wie fühle ich mich im Innern meines Herzens? Bin ich traurig, fröhlich, zornig, mutlos, begeistert … 	
Was für Gedanken sind in diesem Moment vorherrschend? 	

Es geht nicht darum, etwas zu verändern. Spüren Sie einfach nur ganz bewusst, was in Ihnen vorgeht.
Wenn Sie zu Beginn dieser Übung nicht erkennen, welche Stellen Ihres Körpers angespannt bzw. entspannt sind, bewegen Sie ein klein wenig den Teil des Körpers, den Sie spüren möchten. So wird Ihnen der Zustand der betreffenden Stelle bewusster.

Die zweite Übung zielt darauf ab,

- dass wir unsere Energie zum gegenwärtigen Moment zurückbringen. Häufig steckt unsere Aufmerksamkeit in der Vergangenheit fest oder wird schon von der Zukunft in Beschlag genommen;
- dass wir »in unserem Körper« sind und nicht geistig »neben uns stehen«, »weggetreten« sind oder abdriften;

- dass uns bewusst wird, was in uns vorgeht, körperlich und emotional;
- dass wir uns zentrieren (z. B. vor einer schwierigen Unterredung);
- dass wir uns regenerieren (Selbstwahrnehmung verbessert die Gesundheit und stärkt die Abwehrkraft).

Ziehen Sie Bilanz, indem Sie folgende Sätze beenden:

Mich selbst wahrnehmen ist leicht, wenn …

Es ist schwierig, wenn …

Es wird am schwierigsten, wenn …

Es ist essenziell, wenn …

Ich nehme mir vor, mich in der kommenden Woche achtsam wahrzunehmen, wenn …

Was mir dabei helfen wird, ist …

Nehmen Sie ein DIN-A4-Blatt, schneiden Sie, falls es Sie inspiriert, ein Herz aus, verzieren Sie es und schreiben Sie hinein, auf welche Weise Sie Selbstwahrnehmung entwickeln wollen:

Diese Woche beschließe ich, mich selbst bewusst wahrzunehmen, wenn …

- **Situation:**
- **Moment:**
- **Art und Weise:**

Hängen Sie das Blatt irgendwo auf, wo Sie es häufig sehen!

Betrachten Sie sich wohlwollend im Spiegel, zeichnen Sie Ihr Gesicht auf diese Seite und malen Sie es aus - DENKEN SIE DABEI DARAN, SICH SELBST ACHTSAM WAHRZUNEHMEN

Was geht beim Zeichnen in Ihnen vor?

Eigene Gefühle und Bedürfnisse wahrnehmen (oder: die Selbst-Empathie)

»Einen Augenblick ›präsent‹ sein für sich selbst
wiegt hundert gute Taten auf.«
Anonym

Selbst-Empathie oder uns in uns einfühlen bedeutet, wir nehmen uns einen Moment Zeit, in uns hineinzuhorchen, um zu spüren und anzunehmen, was in uns vorgeht. Zwei Fragen sind hilfreich, um eine Verbindung zu sich aufzubauen:

- **Wie fühle ich mich?**
- **Wonach strebe ich, was will ich in dieser Situation?**

Es ist wichtig, sich dessen bewusst zu sein, was man gerade durchlebt. Das gilt besonders für schwierige Situationen, denn:

- Selbst wenn Sie in einer Situation nichts ausrichten können, verringert sich die Anspannung schon allein dadurch, dass Sie Ihren Gemütszustand in Worte fassen.
- Wenn Sie sich die Zeit nehmen, Ihre Gefühle zu erkennen und sich zu fragen, was Sie gern möchten, welche »Bedürfnisse« Sie haben, erhalten Sie mehr Klarheit darüber, was Sie tun oder worum Sie bitten können, um die Bedürfnisse zu befriedigen.

Anmerkung der Autorin:

Das Wort **Bedürfnis** hat häufig eine negative Konnotation, denn unausgesprochen schwingt darin die Vorstellung eines Mangels oder der Gier nach etwas mit. Hier bezeichnet es dagegen das, was für einen Menschen zählt, was für ihn wichtig ist, wie seine Ziele, seine Werte, seine Träume.

Der Begriff umfasst gleichzeitig **körperliche Grundbedürfnisse**, wie Essen, Trinken und Schlafen, **Bedürfnisse nach Sicherheit**, wie ein Dach über dem Kopf, eine Familie und einen Beruf zu haben, und **Bedürfnisse nach persönlicher Entfaltung**, wie sich selbst zu verwirklichen und etwas zum Leben beizutragen. In unserer Betrachtungsweise ist ein Bedürfnis etwas Tiefgehendes, es ist lebenswichtig und zielt auf Beruhigung, Linderung ab. Bedürfnisse sind universell, wichtig und werden als etwas Positives dargestellt.

Wurde beispielsweise jemand angegriffen und sagt nun: »Ich muss mich rächen«, dann ist das kein Bedürfnis, denn eine solche Ausdrucksweise ist nicht lebensbejahend; sie würde Leid eher schüren, statt es zu lindern. Eine dem Leben nähere Formulierung wäre demnach: »Ich habe das Bedürfnis nach einer Wiedergutmachung oder möchte beruhigt sein, dass aus dem Geschehenen eine Lehre gezogen werden kann.«

Achtung, Bedürfnisse sollten nicht mit Wünschen verwechselt werden! Ich kann z. B. das **Bedürfnis** haben, mich zu entspannen, und den **Wunsch**, eine Zigarette zu rauchen. Ein Wunsch ist nur eine von mehreren Arten, ein Bedürfnis zu befriedigen. Vielleicht erfülle ich mit einer Zigarette mein Bedürfnis nach Verbundenheit mit mir selbst oder danach, mir eine Freude zu gönnen? Zum Überleben brauche ich aber keine Zigaretten – ganz im Gegenteil!

Zum anderen: Wenn ich mein Leben konsequenter führen will, ist es sinnvoll, dass ich meine tiefen Bedürfnisse kenne und sie direkt befriedige, statt mich auf den Ersatz für die Bedürfnisse zu beziehen. Um mir das zu verdeutlichen, brauche ich mir nur mehrmals folgende Frage zu stellen:

Wenn ich das tue, was ich tue, oder erlebe, was ich erlebe, welches Bedürfnis wird dadurch befriedigt?

Z.B.: »Wenn ich eine Zigarette rauche, welches Bedürfnis befriedigt das?«

Angenommen, die Antwort lautete: »Es erfüllt ein Bedürfnis nach Entspannung, nach Verbundenheit mit mir und das Bedürfnis, mir eine Freude zu machen.«

Dann kann ich mich anschließend fragen: »Wenn ich mir diese Entspannung, diese Verbundenheit mit mir und diese Freude gönne, welches Bedürfnis wird damit erfüllt?«

Nehmen wir an, die Antwort lautet: »Das gibt mir die nötige Energie, um meinem Tagesablauf gewachsen zu sein.«

Dann kann ich mir erneut die Frage stellen: »Wenn ich die nötige Energie habe, um meinen Tag zu bewältigen, welches Bedürfnis befriedigt das?«
Angenommen, die Antwort wäre: »Ich handle, ich erfülle meine täglichen Aufgaben, ich habe Schwung.«
Dann habe ich die Wahl zwischen zwei Fragen, wie ich meinen Tagesablauf besser bewältigen kann:
»Führt meine Entscheidung zu rauchen dazu, dass ich langfristig zufrieden bin?«
»Gibt es andere Strategien, andere Mittel als die Zigarette, die mir helfen könnten, mich zu entspannen, mit mir selbst in Verbindung zu treten und die nötige Energie zu finden, um meine täglichen Aufgaben zu erfüllen?«

Selbst-Empathie ist eine Form des »guten Egoismus«!

Geht etwas schief und wir nehmen uns die Zeit, in uns hineinzuhören, dann macht es früher oder später »klick«, eine Klarheit stellt sich ein, und wir entspannen uns. Danach haben wir wieder mehr Energie.
Stellen Sie sich z. B. einen Tag bei der Arbeit vor, an dem nicht genügend Mitarbeiter im Unternehmen sind. Sie sind überlastet. Sie könnten sich nun über die abwesenden Kollegen aufregen, was zu Spannungen führt und Ihnen Energie raubt. So laufen Sie aber Gefahr, sich selbst zu verurteilen. Oder aber Sie können sich entscheiden, das, was Sie erleben, zu beobachten und anzunehmen, bis Sie ein Gefühl der Erleichterung spüren.

Und das könnte dabei herauskommen:
»Bin ich entnervt? Müde? Habe ich das Bedürfnis nach Solidarität und Verständnis wegen der Berge an Arbeit, die ich erledigen muss? Wie gern würde ich in einem humaneren Tempo arbeiten. Ich kann nicht mehr! Ich möchte mit meinen Kollegen darüber sprechen, damit wir möglichst schnell eine Lösung finden. Gleich morgen setze ich mich mit ihnen zusammen, auf jeden Fall!«

Schwierigkeiten, die sich ergeben können, oder: Selbstliebe ist manchmal gar nicht so leicht!

Häufig haben wir mehrere Gefühle und Bedürfnisse gleichzeitig. Mehrere Gefühle wahr- und anzunehmen und zu kanalisieren verbraucht natürlich Energie, und auch der Umgang mit verschiedenen Bedürfnisse kostet Zeit, denn bisweilen können sie sogar gegensätzlich sein. In solch einem Fall ist es gut, ALLE Gefühle anzunehmen, denn sobald wir ein Gefühl vollständig »gehört« haben, wandelt es sich, und das führt zu Beruhigung. Dementsprechend ist es auch gut, dass wir ALLE unsere Bedürfnisse erkennen und klären, um diejenigen zu finden, die Vorrang haben.
So stellt vielleicht ein älterer Mann mit Höhenangst fest, dass einige Ziegel auf dem Dach seines Hauses verrutscht sind. Unschlüssig überlegt er, ob er hinaufsteigen soll, um sie zu ersetzen: Er ist hin- und hergerissen zwischen dem Bedürfnis, das Haus instand zu halten, und dem Bedürfnis nach

körperlicher Sicherheit. Es ist wichtig, dass er alle Facetten dessen, was er durchlebt, »erspürt«, bevor er handelt, denn wenn er auf eine Leiter steigt und dabei seine Angst und sein Bedürfnis nach Sicherheit leugnet, besteht die Gefahr, dass er sich ungeschickt anstellt und fällt. Und wenn er nur seinem Bedürfnis nach Sicherheit folgt, verfällt das Haus. Indem er sich die Zeit nimmt, alle seine Bedürfnisse achtsam wahrzunehmen, kann er eine Lösung finden, die die Gesamtheit der Prioritäten berücksichtigt.

Betrachten Sie alle abgebildeten Gesichter und schreiben Sie unter jedes die entsprechende Emotion:

traurig
schlecht gelaunt
zornig/ärgerlich
in Rage
vergnügt
zweifelnd
erschreckt
müde

Apropos Gefühle oder: Ein Gefühl – was ist das eigentlich?

Unsere Gefühle könnte man mit den Kontrollleuchten
auf dem Armaturenbrett eines Autos vergleichen:
Das Aufleuchten der Ölanzeige ist ein Zeichen dafür, dass das Auto Öl braucht. Ebenso sind unsere Empfindungen Hinweise auf unsere Bedürfnisse.

So fällt ein Gefühl nicht vom Himmel: Es wird von unseren Bedürfnissen hervorgebracht.

Wenn sich ein Gefühl bemerkbar macht, in dem etwas Negatives mitschwingt, bedeutet das, man hat ein nicht befriedigtes Bedürfnis – oder mehrere. Schreibt Ihr Kind z.B. eine Fünf in Mathematik, sind Sie beunruhigt, weil Ihr Bedürfnis nach Sicherheit in Bezug auf seine erfolgreiche Schullaufbahn nicht erfüllt ist.

Ein Gefühl angenehmer Art weist dagegen darauf hin, dass eines oder mehrere der Bedürfnisse, die wir hatten, befriedigt wurden. So sind Sie z.B. zufrieden, wenn man Sie unter 200 Bewerbern für eine Stelle, die Sie unbedingt haben wollten, ausgewählt hat, weil dadurch Ihr Bedürfnis nach Wertschätzung und das nach beruflicher Verwirklichung befriedigt worden sind.

Achtung! Manche Worte werden zwar im Sinne eines Gefühls verwendet, aber wir sollten sie dennoch vermeiden, denn in ihnen ist ein Urteil über uns selbst oder andere enthalten! Es sind Äußerungen wie: »Ich fühle mich betrogen, vernachlässigt, unverstanden, inkompetent, unfähig …«

Da diese Worte andere oder uns selbst bewerten, werden sie entweder zu einer potenziellen Konfliktquelle (Bewertung anderer) oder sie entmutigen uns (Bewertung unserer selbst). So rauben sie uns die Möglichkeit, Einfluss zu nehmen: Entweder erleben wir uns als Opfer des anderen oder wir nehmen uns den Mut, indem wir uns selbst herabsetzen. Wir verlieren durch solche Worte auch Energie, denn ihre Verwendung entspringt einer reaktiven, nicht einer kreativen Haltung.

Selbst-Empathie oder das einfühlende Wahrnehmen unserer Empfindungen und Bedürfnisse ist ein idealer Weg zu Nächstenliebe und Selbstrespekt, denn:

- Die Aufmerksamkeit, die ich mir selbst widme, baut mich so sehr auf, dass ich mich anderen ganz natürlich zuwende.
- Was ich bei mir selbst wahrgenommen und verstanden habe, kann ich auch bei anderen wahrnehmen und annehmen.
- Es besteht die Gefahr, dass ich das, was ich an mir nicht wahr- und angenommen habe, auf andere projiziere und ihnen meine eigenen Schwächen zuschreibe.

- Wenn ich nicht gut für mich Sorge trage, geht es mir früher oder später schlecht!

- Wenn ich mir keine Augenblicke der Selbst-Empathie gönne, besteht die Gefahr, dass ich zu Rauschmitteln (Tabak, Alkohol etc.) greife, Essstörungen (Bulimie/ Ess-Brech-Sucht) entwickle oder jemand anderen dafür verantwortlich mache, dass es mir schlecht geht.

Was lösen diese Bemerkungen in Ihnen aus?

- -
- -
- -

Schreiben Sie zwei Bemerkungen, die Sie besonders ansprechen, in den Rahmen unten und verzieren Sie sie nach Belieben.

Selbst-Empathie-Übung

(Nehmen Sie die Wörterlisten am Ende des Hefts auf S. 60 zu Hilfe).

Denken Sie an eine unangenehme Situation, die Sie vor Kurzem erlebt haben, und führen Sie folgende Schritte aus:

- **Beobachtung:** Beschreiben Sie die Situation neutral.
- **Gefühle:** Erkunden Sie Ihre Gefühle in Bezug auf die Fakten.
- **Bedürfnisse:** Ermitteln Sie Ihre nicht befriedigten Bedürfnisse.
- **Bitte:** Finden Sie heraus, was Sie unternehmen können, um allmählich mehr auf Ihre Bedürfnisse eingehen zu können.

»Wenn ich an … denke,
dann fühle ich mich …,
weil ich … brauche (brauchte).
Und jetzt werde ich … beschließe ich, …

Z.B.: »Als er einer dritten Person gesagt hat, ich sei inkompetent, fühlte ich mich frustriert und machtlos, weil ich Offenheit und Raum brauche, um mich auszudrücken. Und jetzt möchte ich ihm gern vorschlagen, sich einen Moment Zeit zu nehmen, um darüber zu sprechen.«

Schaffen Sie sich ein Tagebuch an, verzieren Sie es und nutzen Sie Ihre Einträge zum Üben von Selbst-Empathie. Das regelmäßige Üben von Selbst-Empathie baut die Muskeln der Fähigkeit auf, zu erkennen, was in Ihrem Innern vorgeht.

Ärztliches Rezept für eine gute Gesundheit:

Haben Sie den Mut, an sich zu denken – auch wenn es anderen nicht gefällt!

Sorgen Sie gut für sich selbst!

Vor allem sollten Sie ...

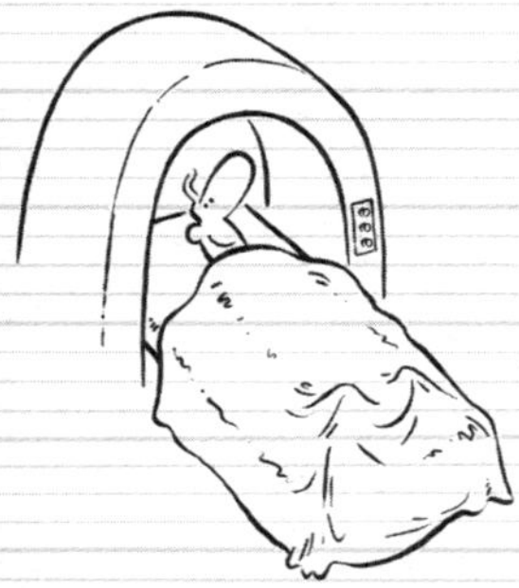

- regelmäßig Ihren körperlichen Zustand scannen und ihm Rechnung tragen. Das heißt, Sie kümmern sich darum, wie es Ihrem Körper geht. Siehe »Seinen Körper wahrnehmen«, S. 8.
- all Ihre Gefühle und Bedürfnisse sondieren und spüren und anschließend im Sinn Ihrer Grundbedürfnisse handeln. Siehe »Eigene Gefühle und Bedürfnisse wahrnehmen«, S. 15.
- Gespräche führen, den Kontakt zu anderen suchen, sich ihnen anvertrauen, denn: **»Geteilte Freude ist doppelte Freude, geteiltes Leid ist halbes Leid.«**
- sich einen Moment lang Zeit nehmen, um wieder zu sich zu kommen, Augenblicke des Nach-innen-gewandt-Seins und des Alleinseins suchen. Z.B., sich regelmäßig allein an einen Ort zurückziehen, an dem Sie sich wohlfühlen, oder in der Natur spazieren gehen, damit Ihr Geist zur Ruhe kommt. Nach und nach – jeden Tag ein bisschen mehr – weicht Ihre geistige Rastlosigkeit der Ruhe, und der Rhythmus Ihrer Gehirnaktivität wird langsamer. Natürlich kann es eine Zeit lang dauern, bis Raum zwischen zwei Gedanken entsteht, doch wie bei allem, was man lernt, werden sich mit zunehmender Übung auch Erfolge einstellen. Der innere Frieden macht es möglich, dass sich Ihre Kreativität und Ihr Herz entfalten.

- für Ihre Kindheitsverletzungen Sorge tragen. Jeder Mensch, ob es ihm bewusst ist oder nicht, macht schwierige oder traumatische Erfahrungen. Deswegen ist es mitunter gut, wenn Sie sich der Vergangenheit zuwenden und herausfinden, was Sie damals verletzt hat, um die Teile von sich, die es nötig haben, heilen zu können.

Das Versorgen der Wunden kann verschiedene Formen annehmen: Die Menschen auf Ihrem Weg können sich Ihnen liebevoll zuwenden, speziell dafür ausgebildete Therapeuten können Ihnen zuhören, Sie können persönliche Berichte von Menschen, die ähnlich traumatische Erlebnisse hatten, lesen usw.

Was zählt, ist, dass Sie bei allem stets im Sinn behalten:

»Dadurch, dass wir leidvolle Emotionen vollständig annehmen, werden sie umgewandelt.«

Dagegen:

»Das, wogegen wir uns wehren, bleibt bestehen.«

Malen Sie den ersten Gedanken mit einer fröhlichen und den zweiten mit einer traurigen Farbe aus. Meditieren Sie anschließend darüber.

Bereiten Sie sich selbst Freude

Das bedeutet: Sie nehmen sich die Zeit zu leben, zu atmen, in Bewegung zu sein, für Spiel, Spaß und Entspannung etc. – in dem Bewusstsein, dass Sie durch den Mut, an sich selbst zu denken, unter Umständen Enttäuschung bei Ihrer Umgebung auslösen. Natürlich sind wir weniger verfügbar, doch das »ist o.k.«, solange es nicht auf Kosten anderer geht.

Einige Zeichen für gute Selbstfürsorge:

Lebensfreude
Entfaltung
Begeisterung
dynamische Tatkraft
zum Wohlergehen anderer beitragen wollen
innerer Frieden
offen sein für das Leben
sprudelnde Kreativität
wachsende Lebensenergie
usw.

Wann besteht die Gefahr, dass »gute Selbstfürsorge« abgleitet in »schlechte Selbstfürsorge«?

– Wenn man so selbstbezogen ist, dass man andere nicht mehr sieht und an vielen schönen Dingen auf diesem Planeten achtlos vorbeigeht.

- Wenn man dem Befriedigen kurzfristiger Bedürfnisse Vorrang gibt, ohne dabei wirklich bedacht zu haben, welche Bedeutung diese Bedürfnisse langfristig haben. Z.B., wenn ich stundenlang vor dem Fernseher sitze und darüber vergesse, für mein Studium zu lernen. In diesem Fall gebe ich meinen kurzfristigen Bedürfnissen (Entspannung, Zerstreuung) den Vorrang, vernachlässige aber die langfristigen: mir alle Erfolgschancen zu offenzuhalten und mit einem Diplom die Möglichkeit zu haben, mir später den Beruf aussuchen zu können, den ich am liebsten ergreifen möchte.

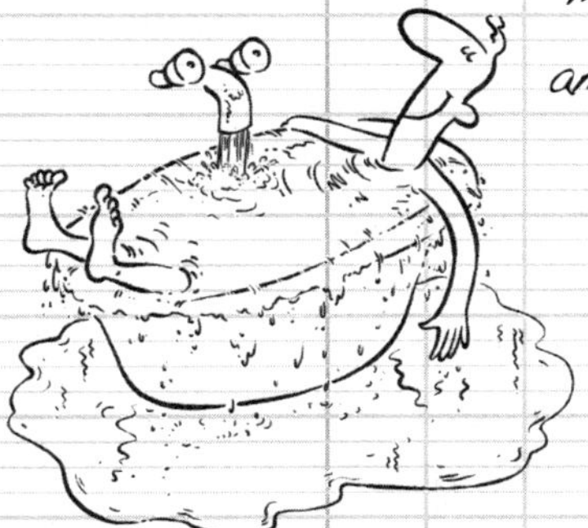

- Wenn man handelt, ohne bewusst auf sich selbst, die anderen oder das, was man tut, zu achten. Z.B., wenn ich das ganze Wasser im Haus verbrauche und nicht an diejenigen denke, die sich nach mir noch waschen wollen.
- Wenn man seinen »oberflächlichen« Bedürfnissen Vorrang gibt und die tiefen Bedürfnisse vernachlässigt. Z.B. antworte ich jemandem, der mich um etwas bittet, »Ja«, obwohl ich gerne den Mut hätte, ich selbst zu sein und »Nein« zu sagen.
- Wenn man Schuldgefühle hat, weil man sich Zeit für sich selbst nimmt.

Schreiben Sie drei Beispiele auf, wie Sie gut für sich selbst Sorge tragen:

-

-

-

Wie fühlen Sie sich, wenn Sie diese Liste erstellen?

Schreiben Sie drei Aktivitäten auf, die Ihnen Spaß machen:

-

-

-

Schaden sie Ihnen langfristig?
Finden Sie, dass die Häufigkeit dieser Aktivitäten in Ihrem Leben angemessen ist?

Wenn Sie beschließen würden, an dieser Häufigkeit etwas zu ändern, welche Konsequenzen hätte das für Sie und Ihre Umgebung? Schreiben Sie die Folgen auf:

-

-

-

Wie fühlen Sie sich jetzt, da Sie diese Entscheidung getroffen haben?

Schließen Sie jetzt Ihr Heft und beschäftigen Sie sich fünf Minuten lang mit etwas, das Sie gern tun.

Achten Sie auf Ihre Grenzen

Welche Grenzen genau sind hier gemeint? Die Grenzen dessen, was wir – von uns, von uns als Mensch – geben. Doch woher weiß ich, ob ich meine Grenzen überschritten habe?

Kreuzen Sie alle Aussagen an, die Ihrem gegenwärtigen Zustand entsprechen.

- ❑ Ich bin erschöpft.
- ❑ Ich verüble dem anderen das, was ich ihm gebe.
- ❑ Ich schotte mich ab.
- ❑ Ich bin wegen jeder Kleinigkeit gereizt oder aggressiv.
- ❑ Ich habe keinen Elan mehr.
- ❑ Meine Lebensfreude ist mir abhandengekommen.
- ❑ Bestimmte Dinge machen mir keinen Spaß mehr.
- ❑ Ich bin nicht in der Lage, Entscheidungen für mich zu treffen.
- ❑ Ich handle automatisch.
- ❑ Ich schlafe schlecht.
- ❑ Ich esse mehr als normal; ich rauche, trinke zu viel, ich …
- ❑ Ich bin traurig.
- ❑ Ich bin am Ende.
- ❑ Ich habe keine Geduld mehr.

Sie haben gar nichts angekreuzt? Bravo, bei Ihnen läuft alles gut.
1 bis 3 Kreuze: Es ist an der Zeit, darüber nachzudenken, wie Sie besser für sich sorgen können.
4 bis 5 Kreuze: Es ist wichtig, dass Sie Maßnahmen ergreifen, um etwas zu ändern, oder dass Sie sich helfen lassen.
Mehr als 6 Kreuze: Sie sollten sich baldmöglichst an einen Arzt oder Psychotherapeuten wenden, denn Sie brauchen offensichtlich Hilfe.

Was heißt »auf gesunde Weise geben«?

Kreuzen Sie alle Aussagen an, die Ihrem Zustand entsprechen:

❑ 1. Ich gebe, weil ich gern dazu beitragen möchte, dass es anderen gut geht.

❑ 2. Ich gebe, damit ich akzeptiert werde.

❑ 3. Ich gebe, weil mir das so beigebracht wurde.

❑ 4. Ich gebe, weil ich anderen gern Freude bereite.

❑ 5. Ich weiß nicht, warum ich gebe, ich kann einfach nicht anders.

❑ 6. Ich gebe, weil ich gern einen Beitrag zur Qualität oder Schönheit des Lebens leisten möchte.

❑ 7. Ich gebe mit vollen Händen und bereue es hinterher.

❑ 8. Ich gebe, respektiere dabei aber meine Grenzen.

❑ 9. Ich gebe, weil es mich glücklich macht, zu sehen, welche Freude ich hervorrufe.

❑ 10. Ich gebe, weil ich nicht Nein sagen kann.

❑ 11. Ich gebe, ohne im Gegenzug etwas zu erwarten.

❑ 12. Ich gebe, um unentbehrlich zu sein.

❑ 13. Ich gebe, damit man mich schätzt.

❑ 14. Ich gebe und vergesse sofort, dass ich gegeben habe.

❑ 15. Ich gebe, um etwas dafür zu erhalten.

❑ 16. Ich gebe, um einen Platz in der Gesellschaft, in meiner Familie usw. zu haben.

❑ 17. Ich gebe, um Anerkennung zu bekommen.

❑ 18. Ich gebe, um meine Ruhe zu haben.

❑ 19. Ich gebe, damit ich niemandem etwas schuldig bin.

»Gesund« zu geben heißt, so zu geben, dass es beim Gebenden wie auch beim Empfänger Freude und ein Gefühl der Leichtigkeit auslöst. Im Bereich des Gebens »schuldet« niemand niemandem etwas!

Lösung: In den Sätzen 1, 4, 6, 8, 9, 11 und 14 wird eine gesunde Art des Gebens zum Ausdruck gebracht.

Ordnen Sie sich selbst auf der horizontalen Linie ein, zwischen extremem Egoismus und ausgeprägter Großzügigkeit.

Egoismus Großzügigkeit

Ordnen Sie Ihre Angehörigen (Eltern, Ehepartner, Kinder, Freunde, Arbeitskollegen und andere Beziehungen auf verschiedenen vertikalen Linien ein und siedeln Sie Ihre eigene momentane Großzügigkeit oder Selbstsucht jeweils im Verhältnis zu diesen Personen an.

Wie fühlen Sie sich, wenn Sie feststellen, wo Sie sich einordnen?

-

-

Gibt es etwas, was Sie ändern wollen?

-

-

Wenn ja, organisieren Sie nun Ihr Diagramm so, wie Sie es gerne hätten:

Anderen etwas zu geben heißt, für sich selbst zu sorgen und dabei auf seine Grenzen zu achten.

Wenn man gibt – aus welchen Gründen auch immer –, dann tut das dem Gebenden genauso gut wie dem Nehmenden. In der Tat ist wissenschaftlich belegt:

> **»Geben oder das Zusammenarbeiten mit anderen ist physiologisch mit einem Glücksgefühl verknüpft. So haben wir einen egoistischen Grund, großzügig zu sein. Gute Taten wirken auf uns wie Drogen ohne Nebenwirkungen.«**
>
> Stefan Einhorn,
> Die Kunst, ein freundlicher Mensch zu sein

> **»Ein dummer Egoist denkt nur an sich, und das Ergebnis ist negativ. Kluge Egoisten denken an andere und helfen ihnen, so gut sie können, mit dem Ergebnis, dass sie selbst davon profitieren.**
>
> Tenzin Gyatso, 14. Dalai-Lama

Rufen Sie sich einen Moment aus jüngster Zeit ins Gedächtnis, als Sie jemandem etwas gegeben haben: Aufmerksamkeit, ein offenes Ohr, eine Überraschung … Wie haben Sie sich dabei gefühlt?

–

–

Irgendwann weiß man nicht mehr, wer gibt und wer empfängt. Wenn wir geben, ist mitunter ein wenig »Stretching«, Anstrengung erforderlich, damit unser Herz größer wird. Es ist wie beim Sporttraining: Dadurch, dass man von Zeit zu Zeit über seine Grenzen und seine »Komfortzone« hinausgeht, baut der Körper Muskeln auf.

Nehmen die Anzeichen dafür, dass Sie sich selbst gut behandeln, zu?

Siehe »Einige Zeichen für gute Selbstliebe«, S. 28.

Wenn ja, welche?

-

-

-

Unterscheiden Sie, was gut für Sie ist und was Ihnen schadet

Machen Sie es sich an einem angenehmen Ort bequem, schaffen Sie eine Atmosphäre, die Ihnen gefällt, und achten Sie darauf, dass Sie eine halbe Stunde nicht gestört werden. Nehmen Sie sich etwas zu schreiben.

Betrachten Sie aufmerksam Ihr Leben und denken Sie dabei ...

- an das Verhalten der Menschen, mit denen Sie zusammenleben oder mit denen Sie häufig zusammen sind;
- an Ihre beruflichen, privaten, sozialen, sportlichen ... Aktivitäten;
- an Ihre Gewohnheiten, die Art, wie Sie sich ernähren, sich amüsieren etc.

Schreiben Sie anschließend Ihre Beobachtungen auf:

Schadet mir	Neutral	Gut für mich
–	–	–
–	–	–
–	–	–
–	–	–
–	–	–

Sie haben die meisten Einträge ...

- **in der Spalte »Schadet mir«?** Dann betrachten Sie sie nacheinander, ohne sie (oder sich) zu bewerten, ohne die Einträge zu banalisieren und ohne zu resignieren.

»Veränderung heißt, eine klares Bild davon zu haben, wie du ›funktionierst‹, sofern du keinen geistigen Kommentar hinzufügst.«

Éric Baret

- **in der Spalte »Neutral«?** Dann stellen Sie sich folgende Fragen:
  Erlaube ich mir, ganz und gar lebendig zu sein?
  Könnte ich bestimmte Aspekte meines Lebens ändern, um mir selbst mehr Gutes zu tun?
- **in der Spalte »Gut für mich«?** Dann danken Sie der Lebensenergie, die so in Ihnen wirkt, und nehmen Sie sich die Zeit, sich über alles Schöne, das Sie erleben, zu freuen. Danken Sie jedem, der Ihnen hilft, das »Gute für Sie« zu leben.

Fragen Sie sich jetzt:

Gibt es in meinem Leben destruktive Gewohnheiten, die ich sinnvollerweise aufgeben sollte, oder Personen, deren Verhalten mir schadet und vor denen ich mich besser schützen oder von denen ich mich trennen sollte?

Vergessen Sie nicht, zwischen einer Person und ihrem Verhalten zu unterscheiden: Kein Mensch, wie auch immer er sein mag, sollte als »schädlich« abgestempelt werden. Aber ein Mensch kann Ihnen gegenüber Verhaltensweisen an den Tag legen, die Ihnen schaden und vor denen Sie sich schützen sollten. Oder zwischen Ihnen und der betreffenden Person gibt es gemeinsame zerstörerische Mechanismen.

Wenn Sie z.B. die Angewohnheit haben zu streiten, dann macht das weder aus Ihnen noch aus Ihrem Gegenüber einen »schlechten Menschen«. Es heißt einfach, dass die Beziehung zwischen Ihnen blockiert ist oder dass es ihr an Harmonie fehlt und der Kommunikationsfluss gestört ist.

<u>Sind Sie bereit, einen neuen Kurs einzuschlagen?</u>
Wenn ja, dann machen Sie die folgende Übung mit dem Titel: **»Ich nehme mein Leben in die Hand«**. Sie wird Ihnen helfen, die Verantwortung für Ihr Leben zu übernehmen.

<u>Ich nehme mein Leben in die Hand</u>

<u>Vervollständigen Sie den folgenden Satz und lesen Sie ihn sich 21 Tage lang siebenmal täglich laut und mit fester Stimme vor. Bemühen Sie sich, sich so zu fühlen, als sei die Aussage schon eingetreten:</u>

»…
(Nennen Sie hier die Gewohnheit, die Situation oder das Verhalten der Person)
schadet mir, und ich trenne (oder schütze) mich jetzt vor diese(r/m) …,
damit ich erreiche, dass …
(Nennen Sie ausdrücklich und mit positiven Begriffen das, was Sie anstreben).
Ich nehme mir vor, jeden Tag einen Schritt in diese Richtung zu tun.
Selbst wenn ich nicht weiß, wie ich es anstellen soll, vertraue ich darauf, dass ich die erforderlichen Ressourcen in mir trage, um dieses Ziel zu erreichen.«

Beispiel 1: »Alkohol schadet mir, und ich trenne mich jetzt von dieser Gewohnheit, damit ich Gesundheit, Schönheit und Entscheidungsfreiheit erlange … Ich nehme mir vor, …«

Beispiel 2: »Der Kontakt zu Freunden, die mir beibringen wollen, in Kaufhäusern zu stehlen, schadet mir. Ich trenne mich jetzt von solchen Beziehungen, damit ich Sicherheit, den Respekt des Eigentums anderer, Stolz und Wertschätzung meiner selbst erreiche … Ich nehme mir vor, …«

Beispiel 3: »Zuzulassen, dass ich von … geschlagen werde, schadet mir, und ich schütze mich jetzt vor diesem Verhalten, damit ich meine Unversehrtheit bewahre und mir Respekt verschaffe … Ich nehme mir vor, …«

Seien Sie sich dessen bewusst, dass jede Person oder jede Situation der Kategorie »Schadet mir« Ihnen gleichzeitig auch eine Lehre ist, ein »Geschenk« gibt, selbst wenn das im jeweiligen Moment nicht immer offensichtlich ist. Ein erstes Geschenk wäre beispielsweise, dass Sie dadurch lernen, Grenzen zu setzen, die Verantwortung für Ihr Leben zu übernehmen und zu bekräftigen: »Nie wieder! Nie im Leben!«

Denken Sie an Ihr bestes Ferienerlebnis und zeichnen Sie es:

Übung, um Abstand zu gewinnen und/oder sich von einem Verhalten zu befreien, das Ihnen geschadet hat

Denken Sie an einen Menschen, der Ihnen durch seine Worte oder sein Verhalten Leid verursacht hat. Schreiben Sie auf, was er gesagt oder getan hat.

- Nehmen Sie das, was Sie innerlich bewegt, an und stellen Sie sich die folgenden beiden Fragen:
  Wie fühle ich mich, wenn ich daran denke oder es erlebe?
  Welche unerfüllten Bedürfnisse habe ich?

- Zeichnen Sie sich in der betreffenden Situation.

Schreiben Sie Ihre Gefühle neben Ihr Herz und ihre nicht befriedigten Bedürfnisse neben den Bauch.

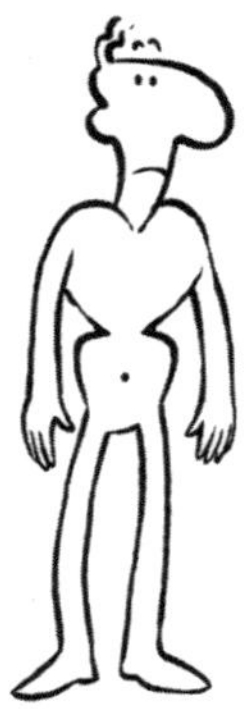

Zeichnen Sie um Ihr verletztes Wesen herum alles, was es schützen oder ihm in seinem Schmerz helfen könnte:
liebe Menschen, zuverlässige, verantwortungsbewusste etc. Personen, die Natur, Tiere … Machen Sie sanfte Musik an, spüren Sie Ihre Emotionen und nehmen Sie sie wohlwollend an.

»Nicht vergessen: Sie selbst sind Ihr bester Freund.«

Hier nun eine Zeichnung der Person, deren Worte oder Verhalten bewirkt haben, dass Sie leiden oder gelitten haben. Vergessen Sie nicht, dass sie ein Mensch ist – zumindest potenziell!

Schreiben Sie neben die Beine die Worte, die Ihnen geschadet haben, oder stellen Sie das verletzende Verhalten dar.
Stellen Sie sich vor, welche Gefühle die betreffende Person zu ihrem Verhalten veranlasst haben könnten, und schreiben Sie diese auf Herzhöhe. Welche Bedürfnisse suchte die Person **vermutlich** zu erfüllen? Schreiben Sie sie auf Bauchhöhe.

Wie fühlen Sie sich?
- Wenn Sie mehr mit sich im Frieden sind, bravo!
- Wenn sich nichts für Sie geändert hat oder leidvolle Gefühle an die Oberfläche kommen, ist das ein Zeichen, dass Sie noch verletzt sind und jemanden brauchen, der Ihr Leid, Ihre Angst, Ihre Traurigkeit oder Ihren Zorn versteht und Ihnen zuhört. Am besten, Sie wenden sich an jemanden, dem Sie vertrauen.

Nehmen Sie sich selbst das feste Versprechen ab: *»Von jetzt an sorge ich für mich und begebe mich in Situationen, die mir gut tun. Wenn ich weiterhin in Situationen gerate, die mir schaden, entferne ich mich so weit wie möglich davon. Gleichzeitig fasse ich den Entschluss, mich mit allem zu umgeben, was mich schützt – oder mir zumindest vorzustellen, ich sei von diesen Dingen umgeben.«*

Fragen Sie sich, ob es nötig ist, sich jetzt von einer bestimmten Person oder einer Situation zu trennen. Lautet Ihre Antwort Ja, dann machen Sie siebenmal täglich die Übung »Ich nehme mein Leben in die Hand« (S. 38) und fragen Sie sich, was Sie sonst noch tun könnten, um sich notfalls zu schützen.

Pflegen Sie einen mitmenschlichen Dialog

Lassen Sie uns an unsere Beziehungen so herangehen, dass wir mit unserer Menschlichkeit in Einklang bleiben! Dafür ist es wesentlich, auf die Gefühle und Bedürfnisse zu achten, die alle Menschen bewegen, statt daran zu denken, was bei unserem Gegenüber oder bei uns nicht »rund« läuft.

Das schaffen wir, indem wir …

- *uns selbst aufrichtig und bestimmt ausdrücken,*
- *dem anderen einfühlend und respektvoll zuhören und auf ihn eingehen,*
- *Dankbarkeit ausdrücken.*

Drücken Sie sich aufrichtig und bestimmt aus

Es geht darum, dass wir uns zugestehen, das, was uns bewegt, unsere Gefühle und Bedürfnisse, auszudrücken, ohne den anderen anzugreifen, zu beurteilen oder zu kritisieren. Denn wenn jemand sich kritisiert fühlt, schwächt das unsere Fähigkeit, Zusammenarbeit oder Harmonie zu erreichen – selbst dann, wenn die Kritik begründet ist.

Wie geht das? Zunächst klären wir mittels Selbst-Empathie, was in uns vorgeht, und beschließen dann, falls nötig, mit der oder dem Betreffenden darüber zu sprechen.

Übung des aufrichtigen und bestimmten Selbstausdrucks

Denken Sie an eine schwierige Situation, die Sie mit jemandem durchlebt haben, und führen Sie die folgenden Schritte aus. Stellen Sie sich dabei vor, Sie würden diesen Menschen ansprechen:

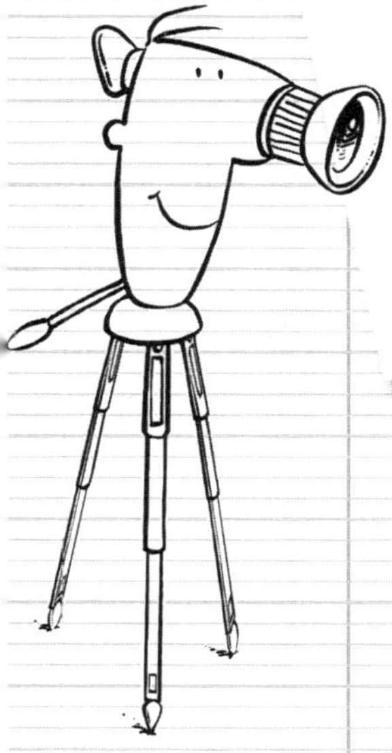

- Stellen Sie die Situation möglichst neutral dar, so, als wären Sie eine Fernsehkamera. Achtung! Beim Wiedergeben von Fakten passiert es leicht, dass man schon urteilt und bewertet. Dadurch gerät der andere aber in die Defensive. Achten Sie deswegen darauf, nicht in diese Falle zu tappen!

»Die höchste Form menschlicher Intelligenz ist die Fähigkeit, zu beobachten, ohne zu bewerten.«

Jiddu Krishnamurti

- Nennen Sie ein oder zwei Ihrer Gefühle in Bezug auf diese Situation. (Vermeiden Sie Wörter aus der Liste »Verbotene Wörter«, S. 61!)

- Nennen Sie ein oder zwei Bedürfnisse, die in der Situation nicht erfüllt wurden.

- Formulieren Sie eine Bitte, die eines Ihrer Bedürfnisse befriedigen könnte.

  Wenn ich sehe, höre, beobachte …
  Wenn ich mich erinnere, wie ich … gesehen, gehört habe, fühle ich mich …,
  Weil ich das Bedürfnis habe, …
  Wärst du jetzt damit einverstanden, dass …?

- Sagen Sie dann diesen Satz vor dem Spiegel und stellen Sie sich dabei vor, Sie selbst seien die Person, die Sie ansprechen.

- Was drückt Ihr Gesicht aus? Wie klingt Ihre Stimme? Was empfinden Sie?

- Sind Sie neutral oder bewerten, schimpfen Sie?

- Wenn jemand so mit Ihnen spräche wie Sie jetzt gerade, empfänden Sie es dann als Kritik?

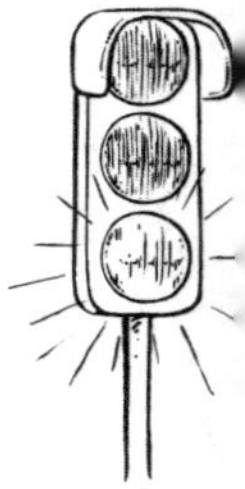

Falls Sie feststellen, dass Sie neutral sind und nicht kritisieren, dann sind Sie bereit für eine Begegnung mit der Person.

Wenn nicht, weist das darauf hin, dass Sie zuerst jemanden brauchen, der Ihnen zuhört oder mit Ihnen fühlt. Dann hat es keinen Sinn, mit dem anderen zu sprechen - Sie würden es nur schlimmer machen! Dadurch, dass Sie die betreffende Person beschuldigen oder kritisieren, gerät sie nur in die Defensive und wird sich verschließen und/oder Sie ihrerseits angreifen.

Hören Sie dem anderen einfühlend und respektvoll zu und gehen Sie auf ihn ein

Dabei geht es darum, dass wir den anderen zu verstehen suchen, unabhängig davon, wie er sich ausdrückt, und dass er sich seinerseits verstanden fühlt.

Empathie heißt, sich auf das, was unser Gegenüber erlebt, einzustimmen. Es ist eine spezielle Art, sich in andere einzufühlen, für sie da zu sein, insbesondere für ihre Gefühle und Bedürfnisse, ohne damit etwas anderes erreichen zu wollen als eine gewisse Verbundenheit. Empathie für jemand anderen zu empfinden ist, als würde man ein Buch so gebannt lesen, dass man darüber seine eigenen Zahnschmerzen vergisst.

Empathie hat nichts mit Nachsicht oder Gefälligkeit zu tun. Man kann sich in jemanden einfühlen und braucht deswegen noch lange nicht mit ihm übereinzustimmen und auch nicht das zu tun, was er will.

Hier eine Geschichte:

Es war einmal ein Bauer, der hatte die schönsten Maisfelder der Gegend. Jedes Jahr, wenn das Dorffest stattfand, nahm er am Wettbewerb der besten Ernte teil, und jedes Jahr gewann er den ersten Preis.

Sobald er nach dem Fest wieder zu Hause war, stattete er seinen Nachbarn einen Besuch ab, um ihnen Samen aus seiner Ernte zu schenken.

Eines Tages sagte ein Freund zu ihm: »Aber wenn du deine beste Saat an deine Nachbarn weitergibst, besteht doch die Gefahr, dass sie dir eines Tages den ersten Preis abjagen. Findest du das nicht schade?«

Der Bauer entgegnete: »Nein, das finde ich nicht, ganz im Gegenteil! Weißt du, auf unseren Hügeln ist es sehr windig, daher könnte es wegen der Fremdbefruchtung durch den Mais meiner Nachbarn passieren, dass sich meine Maisqualität verschlechtert. **Alles, was ich den anderen gebe, gebe ich also mir selbst!**«

Empathie-Übung

Denken Sie an eine schwierige Situation, die Sie mit jemandem erlebt haben, und führen Sie die folgenden Schritte aus. Stellen Sie sich dabei vor, Sie würden die betreffende Person direkt ansprechen:

- Stellen Sie die Situation neutral dar.

- Stellen Sie sich vor, was Ihr Gesprächspartner in dieser Situation empfindet. Nennen Sie ein oder zwei seiner Gefühle. (Vermeiden Sie die »Verbotenen Wörter« auf S. 61!)

- Nennen Sie ein oder zwei Bedürfnisse, die Ihrer Meinung nach beim anderen in der betreffenden Situation nicht erfüllt sind.

- Formulieren Sie eine Bitte, die eines der Bedürfnisse Ihres Gesprächspartners befriedigen könnte.

  Wenn du siehst, hörst, beobachtest …
  Wenn du dich erinnerst, … gesehen, gehört zu haben, fühlst du dich …,
  weil du das Bedürfnis hast …
  Und jetzt wünschst du dir vielleicht, dass …?
  Ist es so?

Drücken Sie Dankbarkeit aus

DANKE bedeutet: »Die Daseinsfreude jedes Augenblicks Nähren durch die Kunst, sich Erkenntlich zu zeigen.«

»Dankbarkeit ist der Himmel selbst.«

William Blake

Spüren Sie Ihre Dankbarkeit!

Denken Sie an eine Person, die Ihnen im Leben Gutes gebracht hat. Schreiben Sie auf, was sie gesagt oder getan hat, zeichnen Sie sie, notieren Sie ihren Vornamen und malen Sie sie bunt aus. Achten Sie dabei darauf, dass Sie Ihre Wertschätzung für sie spüren.

Spüren Sie alle Emotionen, die in Ihnen aufkommen. Öffnet sich Ihr Herz?

Bringen Sie Ihre Zeichnung an einem Ort an, wo Sie sie häufig sehen, denn das wird Ihnen helfen, sich gut zu fühlen.

Drücken Sie Ihre Dankbarkeit aus

Denken Sie an jemanden aus Ihrem Umfeld, der Ihnen Gutes getan hat, und schreiben Sie drei Dinge auf:

- Was hat die betreffende Person getan oder gesagt, das gut für Sie war?
- Wie fühlen Sie sich **jetzt**, da Sie noch einmal daran denken?
- Welches Ihrer Bedürfnisse wurde von dem, was diese Person gesagt oder getan hat, erfüllt?

Wenn dieser Mensch noch lebt, könnten Sie ihm vielleicht eine kleine Nachricht schicken? So könnte eine solche Nachricht z. B. aussehen:

»Lieber/Liebe ...,

wenn ich daran denke, wie ____________,

(schreiben Sie, was die Person getan oder gesagt hat; zum Beispiel könnte ein Lehrer ausgerufen haben: »Was für eine tolle Arbeit!«)

fühle ich mich ...

(nennen Sie Ihre Gefühle: gerührt, bewegt etc.)

Und das hat mein Bedürfnis ... befriedigt.«

(nennen Sie die Bedürfnisse, die befriedigt wurden, z. B.: »Und das hat mir geholfen, an mich zu glauben.«)

Wenn Sie sich an nichts erinnern, das ein Mensch, den Sie kennen, für Sie getan hat, dann suchen Sie etwas anderes: ein Tier, die Natur, die uns so großzügig willkommen heißt, einen Unbekannten auf der Straße, der Sie angelächelt hat. Dahinter steht der Gedanke, dass Sie sich mit etwas Positivem und mit Dankbarkeit verbinden, damit Sie so Energie und Wohlbefinden erlangen.

Schreiben Sie täglich in Ihr Tagebuch, wie dankbar Sie sich selbst, jemand anderem oder dem Leben sind. Spüren Sie diese Dankbarkeit und sehen Sie, wie Ihre Energie sich dadurch vervielfacht.

Kreieren Sie sich ein Leben im Einklang mit dem, was Sie im tiefsten Innern sind, mit Ihrem »tiefsten Wesen«

Horchen Sie in sich hinein, um sich zu erkennen

Siehe die Selbst-Empathie-Übung auf S. 24.

Gehen Sie auf Ihre Träume zu

Fragen Sie sich, was Sie täglich und in Ihrem Leben realisieren wollen, und suchen Sie sich die Mittel, um diese Ziele zu verwirklichen.

»Das, was man bedauert, ist nicht das Unerreichbare, sondern das Erreichbare, das man nicht erreicht hat.«

Schreiben Sie diesen Gedanken noch einmal auf und malen Sie ihn bunt aus.

Schreiben Sie jeden Morgen …

- eine Minute lang, wie Sie sich heute fühlen wollen;
- fünf Minuten lang, was Sie haben wollen;
- fünf Minuten lang, was Sie schaffen wollen.

Spüren Sie anschließend drei Minuten lang die Gefühle, die Sie hätten, wenn Sie das, was Sie sich wünschen, schon erhalten oder verwirklicht hätten.

Und lesen Sie jeden Abend die morgendlichen Aufzeichnungen, ohne einen Schluss daraus zu ziehen – einfach nur lesen!

Nach einem Monat Übung werden Sie feststellen, dass ganz natürlich eine harmonische Korrelation zwischen Ihren

Gefühlen/Empfindungen und Ihren Handlungen entstanden ist und dass Sie immer öfter das erreichen, was Sie wollen.

Betrachtung:

- In welchen Momenten sind Sie glücklich? Welche Merkmale haben diese Momente? Beschreiben Sie Ihre Gefühle.

- Welche Ihrer Bedürfnisse werden dann befriedigt?

- Wie könnten Sie noch mehr solcher Momente schaffen?

- Wann sind Sie nicht glücklich? Welche Merkmale haben diese Momente? Beschreiben Sie Ihre Gefühle.

- Welche Ihrer Bedürfnisse sind dann unbefriedigt?

- Können Sie daran etwas ändern?

- Falls ja, was werden Sie ändern?

Manchmal können wir zwar die Situation nicht ändern, aber die Art, wie wir darauf reagieren.

»Das, was du bei anderen siehst, trägst du in dir; es genügt, es zu wecken.«

Denken Sie an jemanden, den Sie mögen, und schreiben Sie die guten Eigenschaften auf, die Sie an diesem Menschen schätzen. Suchen Sie sich anschließend eine Musik aus, die Ihnen gefällt, und tanzen und sprechen Sie fünf Minuten lang so, als hätten Sie selbst diese Eigenschaften. Vor allem: Fühlen Sie sich so, als wären diese guten Eigenschaften schon ein Teil von Ihnen!

-
-
-
-

Wohin die Aufmerksamkeit geht, dahin folgt auch die Energie!

Zeichnen Sie in den kommenden Tagen auf ein oder mehrere lose Blätter, was Sie gern in Ihrem Leben vollbringen würden. Wählen Sie die Bereiche, die gerne betrachten wollen (Gefühlsleben, Kreativität, Erholung, Beruf etc.).

Bringen Sie diese Zeichnungen mit Liebe und Respekt an einem Platz an, den Sie jeden Tag sehen. Betrachten Sie sie oft und fühlen Sie sich dabei so, als hätten Sie das Gezeichnete schon verwirklicht.

Wenn Bitterkeit oder Verzweiflung Sie überkommen, geben Sie sich etwas Zeit, um diese Gefühle wohlwollend anzunehmen, und verbinden Sie sich dann, sobald es möglich ist, wieder mit dem, was Sie sich wünschen und anstreben – unter Berücksichtigung Ihrer Lebensrealität.

Disziplinieren Sie Ihren Geist

Verabschieden Sie sich von Beurteilungen und verwandeln Sie sie in Gefühle/Bedürfnisse

Urteilendes Denken erzeugt eine negative Energie in uns. Diese negative Energie zieht wiederum Energien an, die so beschaffen sind wie die, die wir in uns tragen.

Selbstbewertungen sind Gift für unsere Laune und unsere Energie; für unsere Umgebung sind sie ärgerlich oder frustrierend.

Sagen Sie mehrmals: »Ich bin eine Niete, nichts kriege ich hin!« Beobachten Sie dann, wie Sie sich fühlen. Angespannt, verdrossen? Ist es unangenehm? Dann wandeln Sie diesen Satz SO SCHNELL WIE MÖGLICH so um, dass er sich auf Ihre Gefühle und Bedürfnisse bezieht.

Dabei könnte herauskommen: »Ich fühle mich mutlos, weil ich gern stolz auf mich wäre.« Und genau da öffnet sich ein Raum: Ich kann meine Kreativität nutzen, um herauszufinden, was ich tun muss, damit ich stolz auf mich sein kann. Diese »Gymnastik« verbindet uns wieder mit dem, was wir wollen (statt mit dem, was uns gerade nicht möglich ist), und holt uns aus unserer Hilflosigkeit heraus: Sobald wir unsere Bedürfnisse kennen, können wir herausfinden, mit welcher Handlung wir auf sie reagieren wollen.

Denken Sie an ein Urteil, das Sie über sich selbst fällen, und wandeln Sie es in Gefühle/Bedürfnisse um:

–

⟶

Urteile über andere:

»So sicher, wie die Erde rund ist,
kehrt alles, was wir anderen zufügen,
früher oder später zu uns zurück.«

Schreiben Sie diesen Spruch noch einmal und malen Sie ihn bunt aus.

Über andere zu urteilen mag uns zwar den Eindruck vermitteln, wir könnten »Dampf ablassen«; dennoch haben solche Bewertungen ausschließlich negative Auswirkungen auf uns und unsere Beziehungen, weil sie ein schlechtes Klima (in uns und/oder mit anderen) schaffen und unsere Chancen verringern, das, was wir von anderen erwarten, auch zu erhalten. Wenn Sie z.B. zu jemandem sagen: »Du hörst mir nie zu«, hat er sicherlich eher Lust, sich die Ohren zuzuhalten, als Ihnen zuzuhören.

Einer der wirksamsten Akte des guten, liebevollen Umgangs mit uns selbst besteht darin, die Worte »ich werfe dir vor, dass ...« umzuwandeln in »ich möchte, dass ...«.

Wenn wir uns auf das konzentrieren, was wir wollen (unsere Bedürfnisse), erhöhen wir damit unsere Chancen, es auch zu erhalten.

Denken Sie an ein Urteil, das Sie über jemanden gefällt haben, und wandeln Sie es in Gefühle/ Bedürfnisse um.

-

→

»Du hörst mir nie zu« würde dementsprechend zu: »Wenn du auf deinen PC-Bildschirm blickst, während ich mit dir spreche, fühle ich mich verunsichert, und ich habe das Bedürfnis nach Klarheit. Interessiert dich das, was ich dir erzähle? Ist das der richtige Moment, darüber zu sprechen?«

Das Wesentliche – und das ist schwierig! – ist, sich mit dem zu verbinden, was man gerne hätte, und sich mit einer Energie der Fülle zu äußern, nicht mit einer Energie des Mangels oder des Klagens.
Der Ton unserer Stimme und unser Blick sind wichtiger als die Worte an sich, denn unser Gesprächspartner vertraut – auch ohne sich dessen bewusst zu sein – eher darauf, welche Gefühle unsere Körperhaltung in ihm hervorruft, als auf das, was ausgesprochen wird.

Welcher Satz in diesem Kapitel ist für Sie am wichtigsten? Schreiben Sie ihn auf und singen Sie ihn auf verschiedene Weise.

Erkennen Sie die Schönheit jedes Augenblicks so gut es geht und genießen sie ihn

»Wer das Schöne sieht, hat mehr Mut und Kraft, durch Schwierigkeiten zu gehen.«

»Ich radelte heute Morgen über den Stadionkade, genoss den weiten Himmel über dem Stadtrand und atmete die frische, nicht rationierte Luft. Und in der freien Natur überall Tafeln auf den Wegen, die für Juden gesperrt sind. **Aber auch über**

dem einzigen Weg, der uns verblieben ist, wölbt sich der gesamte Himmel. Man kann uns nichts anhaben, man kann uns wirklich nichts anhaben. Man kann es uns recht ungemütlich machen, man kann uns der materiellen Güter berauben, auch der äußeren Bewegungsfreiheit, aber letzten Endes berauben wir uns selbst unserer besten Kräfte durch unsere falsche Einstellung. Weil wir uns verfolgt, erniedrigt und unterdrückt fühlen. Durch unseren Hass. Durch unsere Wichtigtuerei, hinter der sich die Angst verbirgt. Man darf durchaus manchmal traurig und niedergeschlagen über das uns Angetane sein; das ist menschlich und verständlich. Und dennoch: Den größten Raubbau an uns treiben wir selbst. **Ich finde das Leben schön und fühle mich frei. Der Himmel in mir ist ebenso weit gespannt wie der Himmel über mir.«**

Etty Hillesum, Das denkende Herz

(Tagebücher 1941–1943)

Die Geschichte vom kleinen Haus:

Im Unterricht fordert der Lehrer die Schüler auf, ein Haus zu zeichnen. Ein kleines Mädchen zeichnet ein grünes Haus mit roten Fensterläden und einem orangefarbenen Weg.

Spöttisch fragt der Lehrer: »Was ist nur in dich gefahren? Hast du etwa schon mal ein grünes Haus gesehen?«

Das kleine Mädchen wird blass und hört auf zu zeichnen.

Ein Jahr darauf. Neue Zeichenstunde, anderer Lehrer. Er fordert die Schüler auf, ein Haus zu zeichnen. Am Ende der Stunde gibt das Mädchen ein leeres Blatt ab. Der Lehrer ergreift es und ruft aus: »Oh, was für ein schönes eingeschneites Haus!«

Schreiben Sie eine Eigenschaft von sich auf, die Sie schätzen, und spüren Sie, was in Ihnen vorgeht, wenn Sie das Geschriebene laut vorlesen.

-

Tun Sie das gern oder nicht?
Wenn ja, tun Sie es oft – es wird sich positiv auf Sie auswirken!
Wenn nicht, ist das wahrscheinlich ein Zeichen, dass Sie nicht genügend Selbstwertgefühl haben. Machen Sie dann diese Übung noch häufiger!

Wenn Sie Ihr schönes Wesen, Ihre Menschlichkeit erkennen, lassen Sie sie wachsen, und Sie werden ein größeres Selbstwertgefühl entwickeln!

Sie sind nun am Ende dieses kleinen Übungshefts angelangt. Ich hoffe, in Ihrem Leben mehren sich die Anzeichen dafür, dass Sie gut für sich selbst sorgen.
Machen Sie jeden Tag einen kleinen Schritt der liebevollen Selbstzuwendung und denken Sie daran:

»Viele kleine Schritte führen zum Ziel!«

Schreiben Sie diese Lebensweisheit auf und meditieren Sie darüber.

Anhang

Gefühle, die wir haben, wenn unsere Bedürfnisse befriedigt sind

abenteuerlustig, amüsiert, angeregt, aufgemuntert, aufgeregt, ausgeglichen, befreit, befriedigt, begeistert, bewegt, bezaubert, dankbar, draufgängerisch, dynamisch, elektrisiert, empfänglich, empfindsam, energisch, engagiert, enthusiastisch, entlastet, entschieden, entspannt, entzückt, erfreut, erholt, erleichtert, erquickt, erstaunt, exaltiert, fasziniert, frei, freudestrahlend, freudig, friedfertig, friedvoll, frisch, fröhlich, froh, gebannt, geborgen, gelassen, gelöst, genährt, gerührt, geruhsam, geschützt, glücklich, gut drauf, harmonisch, heiter, hin und weg, hingerissen, hoffnungsvoll, in Sicherheit, inspiriert, interessiert, jemandem nah, konzentriert, lebendig, leicht, leidenschaftlich, locker, mitfühlend, mitgerissen, motiviert, munter, mutig, neu belebt, neugierig, offen, optimistisch, regeneriert, ruhig, sanft, satt, schelmisch, selbstbewusst, sensibilisiert, sicher, sorglos, sprühend, stark, stimuliert, stolz, strahlend, tief berührt, trunken, überrascht, überschäumend, übersprudelnd, ungezwungen, vergnügt, voller Bewunderung, voller Liebe, vom Hocker gehauen, wach, warmherzig, weit und offen, wohlbehalten, wunschlos glücklich, zentriert, zufrieden, zugehörig, zuversichtlich.

Gefühle, die wir haben, wenn unsere Bedürfnisse nicht befriedigt sind

abgeschlagen, abgespannt, allein, am Ende, angeekelt, angeschlagen, angespannt, angstvoll, apathisch, argwöhnisch, atemlos, auf die Palme gebracht, aufgewühlt, aus dem Gleichgewicht, aus der Fassung, außer sich, bedrängt, bedrückt, bekümmert, beschämt, besorgt, betroffen, betrübt, beunruhigt, blockiert, brummig, dem Zusammenbruch nahe, deprimiert, desorientiert, distanziert, durcheinander, durstig, einsam, eisig, entfremdet, entmutigt, enttäuscht, ernüchtert, erschöpft, erschreckt, erschüttert, fassungslos, frustriert, furchtsam, gebeutelt, gekränkt, gelangweilt, genervt, gequält, gereizt, gestresst, gleichgültig, hektisch, hilflos, hin- und hergerissen, hoffnungslos, hungrig, in der Defensive, in Rage, irritiert, konfus, konsterniert, kopflos, kummervoll, leer, matt, melancholisch, misstrauisch, mitgenommen, müde, mürrisch, mutlos, nervös, niedergeschlagen, ohne Elan, ohnmächtig, peinlich berührt, perplex, pessimistisch, ratlos, resigniert, ruhelos, schläfrig, schlecht, schockiert, schwach, schwer, skeptisch, terrorisiert, traurig, trübe, überanstrengt, überarbeitet, überfordert, übersättigt, überwältigt, unbefriedigt, unbehaglich, unentschieden, ungeduldig, ungläubig, unglücklich, unruhig, unsensibel, unsicher, unwohl, unzufrieden, verängstigt, verärgert, verbittert, verdattert, verdrossen, verkrampft, verlegen, verletzt, verloren, verstimmt, verstört, verunsichert, verwirrt, verzweifelt, voller Vorbehalte, wie vor den Kopf geschlagen, wirr, wütend, wutentbrannt, zerbrechlich, zermürbt, zerrissen, zögerlich, zornig, zweifelnd, zwiespältig.

__**Verbotene Wörter:**__

Sie sind die Verbindung aus einem Gefühl und einem Urteil über andere oder über sich selbst:

abgelehnt, abgewertet, angefeindet, angegriffen, ausgebeutet, bedrängt, bedroht, beiseitegeschoben, belagert, belästigt, beleidigt, benutzt, beschmutzt, beschuldigt, besiegt, betrogen, bewertet, blöd, dominiert, dumm, durcheinander, eine Niete, eingesperrt, erbärmlich, erniedrigt, erwischt, fallen gelassen, gedemütigt, gefangen, gehasst, genötigt, gerügt, gezwungen, herabgesetzt, hereingelegt, ignoriert, in die Enge getrieben, in Verruf gebracht, inkompetent, isoliert, jämmerlich, kleingemacht, kritisiert, lächerlich gemacht, manipuliert, missbraucht, nicht akzeptiert, nicht gehört, provoziert, schäbig, schlecht behandelt, schuldig, traktiert, übers Ohr gehauen, übersehen, unerwünscht, unfähig, ungeliebt, unter Druck gesetzt, unterdrückt, unverstanden, unwichtig, unwürdig, verachtet, verfolgt, verlassen, verletzt, verleumdet, vernachlässigt, verspottet, verstoßen, wertlos, zerschmettert, zum Narren gehalten, zweitklassig.

Einige Grundbedürfnisse

Existenzbedürfnisse (zur Selbsterhaltung): atmen, trinken, essen …

Sicherheit: emotionale und materielle Sicherheit, Halt, Unterstützung, Fürsorge …

Freiheit: Autonomie, Unabhängigkeit, Spontaneität, Wahlfreiheit in Bezug auf die eigenen Träume, Werte, Ziele …

Freizeit: Ausgelassenheit, Spiel …

Identität: im Einklang mit seinen Werten sein, Selbstbestätigung, Zugehörigkeit, Authentizität, Selbstvertrauen, Achtung und Respekt seiner selbst und anderer, Entwicklung, Integrität …

Teilhabe: Zusammenarbeit, Verständigung mit anderen, gemeinsames Kreieren, Verbundenheit, Ausdruck, Wechselbeziehungen, einen Beitrag leisten zum Wohlergehen und zur Entfaltung seiner selbst und anderer wie auch zum Leben …

Zwischenmenschliche Beziehungen: Akzeptanz, Zugehörigkeit, Aufmerksamkeit, Gemeinschaft, Gesellschaft, Kontakt, Intimität, Gemeinsamkeit, Nähe, Liebe, Zuneigung, menschliche Wärme, Ehrlichkeit, Respekt, Zärtlichkeit, Vertrauen, Kommunikation, Harmonie, Geborgenheit …

Selbstverwirklichung: Selbstausdruck, Entwicklung, Lernen, Realisieren des eigenen Potenzials, Kreativität …

Sinn: Klarheit, Verstehen, Unterscheidungsvermögen, Orientierung, Bedeutsamkeit, Transzendenz, Einheit, Sinngehalt …

Feiern: Würdigung, Teilen von Freude und Leid, Rituale, Dankbarkeit …

Spiritualität: Schönheit, Inspiration, Frieden, Transzendenz …

Bibliografie

Baret, Éric: *Le seul désir - Dans la nudité des tantras.* Almora, Paris 2006

Einhorn, Stefan: *Die Kunst, ein freundlicher Mensch zu sein.* Hoffmann & Campe, Hamburg 2007

Hicks, Esther und Jerry: Ein neuer Anfang. *Handbuch zum Erschaffen deiner Wirklichkeit.* Ansata, München 2008

Hillesum, Etty: *Das denkende Herz. Die Tagebücher von Etty Hillesum 1941-1943.* Rowohlt, Reinbek 1985

Rosenberg, Marshall: *Gewaltfreie Kommunikation. Eine Sprache des Lebens.* Junfermann, Paderborn 2007

Tolle, Eckhart: *Jetzt! Die Kraft der Gegenwart.* Kamphausen, Bielefeld 2011

Van Stappen, Anne: *Warum gehen, wenn du tanzen kannst.* Goldmann, München 2011

Hinweis der Autorin:
Die Übungen Selbst-Empathie, Aufrichtiger Selbstausdruck, Empathie und Dankbarkeit wurden von Marshall Rosenberg, dem Begründer der Gewaltfreien Kommunikation (GfK®), kreiert.

Die Bibliothek der guten Gefühle

Aus dem Französischen von Claudia Seele-Nyima
Illustrationen von Jean Augagneur
64 Seiten, broschiert

Alice le Guiffant / Laurent Pare
Das kleine Übungsheft
Ausmisten und wieder durchatmen
ISBN 978-3-941837-71-3

Yves-Alexandre Thalmann
Das kleine Übungsheft
Endlich frei von Schuldgefühlen
ISBN 978-3-941837-72-0

Anne van Stappen
Das kleine Übungsheft
Grenzen setzen – Nein sagen
ISBN 978-3-941837-73-7

Odile Lamourère
Das kleine Übungsheft
Freunde gewinnen und bessere Beziehungen führen
ISBN 978-3-941837-70-6

Marc de Smedt
Das kleine Übungsheft
Meditationen für jeden Tag
ISBN 978-3-941837-69-0

Xavier Cornette de Saint Cyr
Das kleine Übungsheft
Verborgene Talente entdecken
ISBN 978-3-941837-52-2

Rosette Poletti / Barbara Dobbs
Das kleine Übungsheft
Selbstbewusstsein
ISBN 978-3-941837-54-6

Yves-Alexandre Thalmann
Das kleine Übungsheft
Glückstraining
ISBN 978-3-941837-49-2

Rosette Poletti / Barbara Dobbs
Das kleine Übungsheft
Loslassen
ISBN 978-3-941837-53-9

Ilious Kotsou
Das kleine Übungsheft
Emotionale Intelligenz
ISBN 978-3-941837-50-8

Yves-Alexandre Thalmann
Das kleine Übungsheft
Optimismus
ISBN 978-3-941837-51-5

www.trinity-verlag.de